JN437813

이팝꽃 하얀 바람

천강래

전남 해남 출생.
2009년《시조시학》등단.
열린시조학회 부회장.
교육부 교육연구관.
중등교장 정년퇴임.
ckr212@naver.com

이팝꽃 하얀 바람

—

초판1쇄 2018년 12월 3일
지은이 천강래
펴낸이 김영재
펴낸곳 책만드는집

—

주소 서울 마포구 양화로3길 99, 4층(04022)
전화 3142-1585·6
팩스 336-8908
전자우편 chaekjip@naver.com
출판등록 1994년 1월 13일 제10-927호

—

ISBN 978-89-7944-670-8 (04810)
ISBN 978-89-7944-354-7 (세트)

책 만 드 는 집 시인선 116

이팝꽃 하얀 바람

천강래 시집

책만드는집

| 시인의 말 |

울리는 고동 소리에 끌려 항구를 찾았다.
배를 가지고 싶었다.
갯가며 포구
크고 작은 항구의 선착장
이곳저곳 기웃거리다
하나의 버팀목에 집착하지 못하고
강산도 변한다는 10여 년을 서성이다
겨우 돛배 하나 띄우게 됐다.
저 망망대해를 향해
키를 꼭 잡는다.

-2018년 11월
천강래

| 차례 |

I 삶은 팥의 향기

Ⅱ 붉은 오미자의 맛

Ⅲ 삶의 결 빗살무늬

Ⅳ 풀피리가 휘고 있다

V 물빛 같은 길을 낸다

I

삶은 팥의 향기

가을빛 한 쌈

– 전어 축제

은빛이 팔딱이는 서천 홍원 그 부둣가
벌거벗은 비린내에
들깻잎이 포개지고
베어 문
전어 한 쌈에
입속은 가을빛 한 쌈.

허연 거품 게워내며 떼 지어 몰려오는,
몸통 큰 짐승 같은
파도 덩이 등에 지고
그물질
힘겨운 어부
눈빛에도 가을빛 한 쌈.

복수초 시린 팔뚝

잔설殘雪 터는 노란빛이
하 그리 따사로운 건

언 가슴 녹여내는
풀꽃 피는 어름이다

세한의 깊은 골짜기
밝은 눈빛 돋보인다.

복수초 시린 팔뚝
이승의 더운 정기

숲 바람 들여다보고
비나리치는 짠한 안부

오롯이 제 속을 비워

정갈한 몸짓이다.

벼랑 끝 인적 뜸한
길고 긴 마른날에

황금 사발 받쳐 들고
가는 햇살 쓸어 담는

마침내 한 세상 품을
전설 같은 신전神殿이다.

미틈달*

– 두륜산 구름다리에서

계곡 초입 푸른 기운 눈꽃 피는 산꼭대기
겨우내 몸살 앓다 수굿해질 저 산빛이
긴 생애 저무는 시간 화첩 접어 넘긴다.

가풀막 꼬부랑길 가늘어진 햇살 번져
호두나무 물들이는 갈잎의 꿈틀거림
바람은 고운 색 풀어내 텅 빈 가슴 적신다.

한 생명 사그라져 받쳐 든 씨알 몇 톨
방긋이 열어 보일 하늘가에 묻어두고
미틈달 구름다리에 쉼표 하나 찍고 있다.

* 가을에서 겨울로 바뀌는 달, 11월.

피톤치드

음이온 토닥이는 어머니 숨결 같은
덧난 상처 감싸주는 포근한 그 발음체
우주 속 초록 에너지 코를 후벼 파고 든다.

움츠린 야윈 가슴 독수리 날개 펴듯
심장의 박동 주기 가수면假睡眠에 빠져들고
한시름 피막 가르는 연잎 위의 윤슬이다.

빛과 어둠 만지작거린 어울림의 은하 마당
그늘에 별이 들고 울혈 뚫은 참꽃 피어
바늘잎 그 감성 언어 가슴 가득 채운다.

남한산성 시편

– 유월 어느 날

구름 풋대 물고 나는 검은등줄뻐꾸기
쌈지 속 세상 물정 메아리치는 묘의廟議였나
아득히
풍경의 단락
곤룡포가 서린다.

배고픈 나비 같은 산딸나무 하얀 궐기
기왓골에 숨은 숨결 격랑의 세상 무늬
어쩌랴
성첩城堞의 신음 소리
가장이가 휘어진다.

방짜 봉 근육질의 오감 접은 저 서어나무*
남포루 성벽 아래 모로 누운 적막 짚고
입 다문
비탈의 기억

못다 쓴 이력이다.

* 자작나뭇과 낙엽교목. 높이 15m 정도 수간이 근육처럼 좀 꼬이고 수명이 짧아 숲 속에 말라 있는 교목을 흔히 볼 수 있다.

물때 낀 가슴 열고

두륜산 애순 자락
한여름 비스듬히

업혀 건던 풀내 짙은 외진 골 봉동계곡

하얀 그 탐욕의 햇살이
숲 그늘 파고든다.

일상의 각다분한 수렁에 선 떫은 시류

바람 같은 오만 호사 꽃노을 속에 잠기고

번지는 문명의 땟물 포말로 또 사른다.

한세상 단애 끝에
잠시 앉은 뒷날 같은

거침새 다 걷어내고 꽃향기 은유로 모아

물때 낀 가슴을 열고
눈귀 씻고 비운다.

갯냄새 흠뻑

— 소래포구에서

갈매기 마른 울음 밀려와서 부서지고
서성이는 잰걸음 위로 물이랑 포말 일어
저 바다 피막 가르는
해조음에 귀를 연다.

툭 터진 하늘가에 펄럭이는 어선 깃발
객꾼들 옷섶 깊이 갯냄새 배어들고
포구는 목을 축이고
넘치는 듯 스산하다.

낯선 사내 휘청거린 왁자한 횟집 창밖
일몰은 능소화만큼 붉은 가슴 저미는데
금세 또 대껴야 할 시간
썰물처럼 내쉰다.

이팝꽃 하얀 바람

– 고층 건물 외벽 청소

지난밤 어리치듯 몽깃돌의 살풀이인가
이팝꽃 하얀 바람 아스라이 매단 밥줄
아무나
밟지 못할 길
허리 휜 낮달이다.

갈까마귀 울음 스친 깎아지른 유리 마당
허공의 면벽구년 달마대사 돌아설라
저 깊은
아득한 고요
언 가슴에 맺힌다.

오랏줄 무거운 짐 피치 못한 순명이기
섬뜩한 난간 밖에 햇살 물고 앉은 새
말갛게
핏발 삭이는
눈시울이 뜨겁다.

큰빗이끼벌레

얼음 풀린 강 너머로 뿌옇게 물든 하늘
갈 길은 멀고 먼데 안방에 똬리 틀고
끝 모를, 내치는 화근禍根 눈을 감는 철새다.

맑은 물길 바탕색은 벽화 속에 잠이 들어
사계절 그 달빛은 녹조류에 감겨들고
저문 강 큰빗이끼벌레 설핏하게 잠겨 있다.

봇물에 갇힌 소음 세상사 힘의 부침浮沈
덥고 찬 것 가려 먹고 갈겨쓰고 번득이다
호숫가 과녁빼기집 왜 못 보고 서성대나.

들꽃 저리 피고 지고 절기 또한 채색할 즈음
누구는 거룩한 침묵, 어떤 이는 촛불 함성
그 환한 물빛 푸른 강 어느 결에 찾아볼까.

빛바랜 맵시

가을볕이 그을린 손등 넝쿨 또 잡아끈다

낙엽이 잠긴 연못 설핏한 기억 안고 꽉 찬 들 한복판에 흙냄새 깔고 누워 이생의 무게 달아보는데 내 안의 어설픈 뒤란 빈 지게가 허수하다 금빛 기장 이랑 사이 소슬바람 흔들대는 세한의 터널 벽에 몇 톨 씨앗 담아 걸고 새 생명 기약하는 깨달음의 못을 친다, 햇살이 머문 밭둑 풀무치 몸을 풀고 누이의 머리채 같은 수굿한 수수목은 여물어서 고스러질 일만 남았는데, 짙게 물든 하늘 아래 벌레에 속살을 뜯긴 홍시란 놈 폭삭 추락하는 소리

아득히 빛바랜 맵시 돌아올 날 새긴다.

그때 그 쥐불을 놓아 달빛 접던 둑방길에
세상일 다 열지 못한 파시 같은 비경 하나.

발목 시린 마도요

밀물 때 으스름달 스멀스멀 담금질에
개펄은 마지못해 온몸 다 열어두고
물 맺힌 하루하루를 또 그렇게 울먹인다.

마도요 허구한 날 저 갈급한 시장기
썰물에 날개 접고 끼니를 때우다가
허공에 밑줄이나 그어 물 능선에 메인다.

발목 시린 슬픈 새 몸져누운 갯벌 위로
출렁이는 은물살에 세상 무늬 덧씌우고
파랑에 이는 시름을 표백하며 잊고 산다.

강여울에 띄운 꽃빛

알심을
되새기다
장독 뒤에 숨겨두고

뜰 밖을
문틈으로 나비 눈짓 하다가

화들짝 기지개 펴고
재촉하는 발길이다.

생가지 마른 가지
그 사이를 바장이다

부챗살 펴 든 꽃잎에
네 얼굴 그려 넣고

타오른 붉은 꽃빛을
강여울에 띄운다.

오후의 사색

가을 색

늘 걷는 저잣거리 가물거린 삽화마냥
판소리 산조 같은 통증이 일고 있다
먼 하늘 우러르는 눈빛 가을 색이 담긴다.

모니터

턱 고여 가부좌한 모니터의 신음 속에
뒤틀린 수틀 위에 실가지 그려 넣다
안경을 바꾸어 쓰고 행간을 넘나든다.

풍선

더 높이 떠가려다 잔가지 붙들고서
창백한 낮빛으로 환상곡에 빠져 있다
여윈 귀 지짐거리다 풍장의 길 사른다.

용소龍沼

노을빛 내려앉은 이끼 낀 작은 용소
묵은밭 갈아엎듯 전년 서류 뒤척이다
허구로 멀어진 풍경 물구나무서는 시간이다.

산번지

문자판 풀어 엮다 구겨버린 파지 같은
웃음 잔해 가득한 날 실루엣은 먹물이다
몇 소절 쏟뜨리다가 산번지를 오른다.

비문 새긴 밤거리

진눈깨비 흩날리는
극장 문 열린 거리

반나마 옷깃 세운 채 다붓이 걷는 두 사람

침묵 속 서로 다른 체취
청색 비문 새긴다.

수줍어 적신 몸짓
뜨거운 가슴 지피다가

시답잖은 말추렴만 시들어 떨어지고

눈발은 또 빗금 그어
꽃물 자국 들인다.

Ⅱ

붉은 오미자의 맛

닳은 호미

밭고랑 타고 앉은 땡볕의 긴긴 고요
어머니 뒤태를 닮아 생색 한번 내지 않은

눈물 반
웃음 반의 삶
은쟁반의 낯빛이다.

생땅 한 켜 일으키는 뭉툭한 저 호미 끝
아버지 발톱 같은 진흙 버덩 휘어진 세월

그 적막
갈앉는 무게
내 빈손에 포갠다.

봄, 가즈아

짧아진 딸아이의 치마 깃 스쳐 와서
아내의 입술가에 머무는가 싶었는데
보일 듯
가슴 설레는 벚꽃잎 지는 소리.

한세상 가풀막에, 밝아오는 풍경 속에
벌뉘가 문틈 타고 찾아드나 싶었는데
물 향기
가득 안고서 꼬리 감춘 명지바람.

징검다리 물 먹고 물 뱉는 소리

안개 낀 새벽 강은 태아의 꿈틀거림
밤을 깨워 재잘거린
징검다리 물 먹는 소리
노을에 자장가 부르시던 어머니의 순음이다.

산빛 빛어 조잘대는 덧없는 푸념인가,
귀뿌리 간질이는 늦둥이 옹알이인가
그 먼 길 휘감고 돌아와 조갈증을 사른다.

세상 속 너덜 넘어 하늘색 품어 안고
맨살로 뛰고 달린
징검다리 물 뱉는 소리
한평생 쟁명하게 살라는 아버지의 유훈이다.

두 노인 등 뒤에 꽃구름이

일상사 시들해진 고덕동 한우물길

비척거리는 노부부 낮달을 등에 지고

고요한 필담筆談 나누듯 두 그림자 걷고 있다.

내딛는 걸음마다 차오르는 가쁜 숨결

느티나무 시린 허리 지짐거린 도새*에도

속 떨린 허기를 잊고 버팀목을 찾는 건지.

세상의 시름조차 창문 밖에 비쳐 보인

몸 푸는 발자국 소리 구워놓은 그 시간

초췌한 삶을 건지는 성경책을 읽고 있다.

젊음을 달구어온 된비알 흙냄새가

들꽃이 속살대는 푸른빛에 얽히는데

한 시절 달려온 열기 무겁게 젖어들고.

건들마 간질이는 잎 사이 비집는 햇살

움켜쥔 오토**의 그늘 희미하게 멀어져 가는

게염 다 비운 자리에 꽃구름이 일고 있다.

* 봄과 가을 흐린 날씨에 부는 안개 섞인 찬 바람.
** 해와 달을 뜻하는 금오옥토金烏玉兎의 준말.

벌새가 물고 난 봄빛

둘레길 참꽃마리 거닐며 문답하다
해쑥 향내 손안 가득 풀어 헤친 하늘가에
호미 든 어머니 손에
꽃잎들이 얹힌다.

각담 곁 냉이 잎에 푸른 기 돌아들 즈음
표매摽梅*의 허리 만진 실바람 잦아들고
벌새가 물고 난 봄빛
애달음이 깊어진다.

안과 밖 듣보다 속엣말 담는 호수
수면 위 귀고리 같은 초승달이 흔들리고
저만치 여울물 소리
발정하는 꽃울음.

뿌리가 시린 계곡 살얼음 풀리던 날

산 아래 삶의 한택閑宅 밤 깊은 마른기침
흙 물든 아버지 신발
논두렁에 깜박 존다.

* 잘 익어서 떨어진 매실이라는 뜻으로, 혼기가 지난 여자를 이르는 말.

어머니 헝겊 가방

십자수 포도알이 살아 숨 쉰 헝겊 가방
아기의 옹알이가 보풀보풀 돋아나고
더러는 잡동사니랑 날빛 엮어 담으셨지.

저 너머 사위어가는 한 조각 구름까지
흔들어 채워도 보고 때로는 비워내어
와 닿는 진진한 손길 나눔의 작은 곳간.

한 세월 헝클어져 잔주름에 배어나는
그 속에 도사려 앉은 갖가지 서린 애환
알알이 붉은 오미자 맛 그 누가 다 알랴.

푹 삭은 달빛 타고 마당놀이 봇짐 같은
팍팍한 삶 다독이어 고샅길에 켜 든 등불
때마다 어머니 손에 화석처럼 들린 가방.

홍도紅島는 지금

마른 옷섶 갯내 흠뻑 젖어드는 한나절
물 향기 비끄러매고 멀어지는 손사래
닻 내린 박무의 풍경 눈물 곧 쏟아질 듯.

난바다 너울 고랑 물질 한때 꿈길 같은
꽃향기 조각하는 벼랑톱의 풍란이라니
먼 뱃길 궁금한 안부 가뭇없이 되짚는다.

해미 속 작은 돛배 낮달과 문답하고
객꾼 한 쌍 쪽빛 받아 속삭이는 그 선창가
아버지 손등의 힘줄 파도 소리 움켜쥔다.

비누 거품의 시간

– 어느 주부의 하루

다용도실

구멍 난 양말짝을 들꽃처럼 들여다보고
닫힌 시간 등에 지고 쓱쓱 비누칠할 때
아기의 풀빛 울음이
문지방을 넘는다.

햇귀 몇 줄 비스듬히 일렁이는 들창가에
명지바람 매만지는 몰래 핀 꽃 한 송이
손끝을 잡아당기는
진한 풍경 이운다.

장바구니

초록 풋내 푸성귀 싼 봉지의 고소한 맛
비릿한 바다 냄새 챙겨 든 두세 다발
흰 발길 무게를 잊고

숨 내쉬는 여울이다.

기웃거려 보배스레 만져보고 돌아보고
느낌표가 흔들리는 땅거미가 등 떠밀어
태양이 바다에 사위듯
처마 밑에 묻힌다.

하늘빛 바다

– 믿음 1

저 멀리서 다가오는
쉬고 누릴 하늘빛 바다

차분한 미소 속에
보이지 않는 커다란 힘

들려온
어머니 음색
그 품에 푹 안긴다.

빈 바람 어두운 골짝
두려움 쌓일 그때

두툼한 입술 위로
피어나는 사랑의 눈빛

텅 빈 속
가득 채우고
깊은 한잠 청한다.

아내의 뒷모습

손수 뜬 긴 목도리 족자 이냥 늘어뜨려
명품 걸친 친구 눈빛 여린 가슴 때릴 때도
그래도 요것은 진품이라 흔들던 헝겊 가방.

짝퉁 널린 좌판대 앞 그 틈새 저 한 여인
여정의 가풀막에 허기 그리 묻어두고
어두운 세상 구석을 살갑게 보듬었나?

속 깊은 빙심옥호氷心玉壺 단풍 물이 드는 건가,
메밀꽃 일고 지는 바다 원형 하나인가
내쉬는 나도 모를 한숨 송곳처럼 내몬다.

조각보 1

자투리에
한 땀
한 땀
복을 짓는 여인 손끝
긴 침묵
몸부림으로
생애 빗살 엮어 다진
그 숨결
천년 울림이
햇귀 같은
메아리.

조각보 2

수십 조각 덧대어서 삶의 즐문* 쌓아 올린

조각 천 버리기 아까워 너무 아까워, 쓸모없는 것들을 모아 감춰진 색 깨워내어 크고 작은 삐뚤빼뚤 조각들 잘난 놈 못난 놈이든 동색과 보색을 요리조리 잇고 이어 시침질 쉬운 홈질 물고기 비늘처럼 한쪽으로 포갬포갬 꿰매는 감침질에 마무리 공그르기 순리는 은근하고 소박한 색감이 어우러져 여인네의 심성과 재능이 흠뻑 담겨 있어 친근감을 더해주는 보자기

새 생명 불어 넣어 놓은 옛 여인들의 슬기라니.

촘촘히 꿰매 되살려놓은 조화로운 황금분할 책보, 상보, 옷보, 이불보, 색동보, 항라보, 패물보, 청색 홍색, 사주단자보… 운반용, 보관용, 포장용, 덮개용 생

활에 없어서는 안 되는 필수품인 손때 묻은 조각보, 닳아서 구멍이 나도 결코 버리지 않고 조각을 덧대어서 깁고 빨지도 않은 보따리장수의 쪽보, 얼굴도 안 보고 혼례를 올리던 시절 그 집안의 얼굴과도 같은 사주단자의 보자기, 서민 생활의 애환이 초여름 골짜기 다랑논처럼 자투리 천 하나에도 피가 돌아 살아 숨 쉬는 그 지혜…

천년의 작은 불꽃이 새록새록 아른댄다.

조각보 어수룩함은 넉살스레 와 닿는데
눈 뜨면 신상품 홍수 속 우울증이 덧난다.

* 빗살무늬.

도반道伴의 옷자락

– 어느 장례식장에서

풀 꽃물 묻은 자국 도반의 그 옷자락
순종을 목에 걸고 두레박질해온 여사
그 무게 지탱할 수 없어 비켜서지 못했는가?

둘도 아닌 셋을 넘어 밤톨처럼 차이는데
마른 눈물 훔치면서 땅 보탬 서둘렀나?
때 이른 가슴에 박힌 어른거린 풍경이다.

적막 두른 빈 하늘에 웬 꽃지게* 사열인가
덴 가슴 갈마들어 강둑에 서성인 남자
낯설고 아득한 이승, 더듬거려 읽고 있다.

* 큰 화환.

어머니의 황석어젓

어머니 속내 같은
곰삭은 황석어젓
밥 한 공기 김치찌개 혀끝에 감기는데
예전 것 홀대하는 세정世情
결각缺刻을 새겨본다.

청국장 뚝배기에
텁텁한 맛 우러나고
울 밖에 맴을 돌던 집집마다 다른 냄새
텅 빈 그 서랍 한켠에
채워둘 수 있을까.

빈 뜰에 가득

달빛 아래 방아 찧는
색 바랜 사진 한 장
먹구름 걷어낸 하늘 지워도 지울 것 없는
등 굽어
비척거리는
할머니의 뒷모습.

빈 구석 잡동사니 녹물 다 씻어내고
한물간 질그릇들 사연이 너무 많아
뻐꾹새
딸꾹질하듯
슬픔 울컥 치민다.

주름도 골이 깊어 못 돌릴 물길인데
손 꼭 잡고 건너는 말 보슬비 닮은 소리
그 숨결

빈 뜰에 가득
치마폭이 흔들린다.

아내의 낙서

가계부
방바닥에 엎드러져 인수분해 하는갑다.
시간은 짓눌려서 TV 잡음 꼬리 물고
진수가 허수에 눌려 미지수를 낚고 있다.

펀드
입술 붉게 물들이던 원색의 음악분수
'만선의 꿈 실은 배는 호수 가운데 나비다'
휘어진 터널에 빛살, 오로라 춤사위다.

동창 모임
물 맺힌 거미줄 타령 개울의 꽃잎인 걸,
꽃병의 꽃꽂이는 그래도 장미란다
온갖 것 풀어놓고 덧댄 퓨전음악 막간이다.

청첩장

완두콩 하얀 꽃잎 금세 꼬투리 달렸나
땅 적시는 멍석을 펴서 큰북을 울린다는
깃발 단 고기잡이배 첫 출항의 나팔이다.

Ⅲ

삶의 결 빗살무늬

웃는 수막새

질퍽한 영묘사靈廟寺 터 빈 바람 울먹이는
깨져 나간 한쪽 턱이 눈에 밟힌 두툼한 입술
나이테 잊고 살아온 흙물 들인 수채화다.

어둑새벽 먼 산자락 묻혀 살며 뒤척이다
도공陶工은 꿈에나 본 여왕 얼굴 빚었는가?
달빛에 금이 갈 무렵 깜빡 졸다 빚었는가?

역사의 저 뒤안길에 이슬 먹은 아침노을
입꼬리 말려 올라간 눈썰미에 빨려들어
그 환한 조각난 기왓장 내 얼굴에 덧입힌다.

잊어버린 봄의 능선 바람 여민 하늘가에
뼈를 묻은 둔덕 너머 수막새 돌아온 미소
일상의 두둑한 넉살 밀물 위로 별이 뜬다.

빵 굽는 냄새

– 동숭동 봉제 골목

비구름 검기울다 비켜 간 빈자리에
불쑥 내민 젊은 햇살 창문 타고 출렁인데
재봉틀 노루발 소리 아득히 스러진다.

시제품 더미 사이 무거운 짐 그림자
어둠을 들쳐 메온 아버지 등판 위로
땀땀이 천 리 길 같은
바늘밥이 쌓인다.

반 늙은 여자 주인 꾸벅 조는 오후 시간
길 건너 빵 굽는 냄새 배곯았던 꿈에 젖어
한생의 자드락길에
노을빛이 감긴다.

시치고 마무르는 봉제공 시린 발등
모로 누운 하얀 적막 연륜의 떨켜 같은
삶의 결 빗살무늬에 실루엣이 밟힌다.

땅끝 노을

해거름 동백 꽃물 장작불이 타고 있다
지새운 밤이 뜨거웠나, 붉기는 그리 붉나
그 누가 툭 친다 해도
꿈쩍 않을 증언같이.

누천년 거센 파도 칼바람이 할퀴어도
하늘빛도 금이 간 먼 기억 여울목에
물 맺힌 반도의 여정
아픈 상흔 사른다.

켜켜이 하늘 벽은 벌겋게 젖어들어
여윈 모습 먹물 자국 가라앉는 남해 물목
안과 밖 등 굽이마다
젊은 피로 적신다.

하, 여, 간

– 고비사막에서

긴 눈썹 아득한 길 흰 낮달 올려다보고
낙타는 꾸벅꾸벅 상형문자 수놓는가
하, 여, 간
꿀벌 잉잉대는 약속의 땅 밟고 있다.

세상은 웃기도 하고 또 울기도 한데
우주의 탯줄 같은 맞물린 하늘과 땅
눠라 저
별빛만큼이나 못다 밝힌 이 광야!

환하게 벌거벗고 타들어 간 속살 깊숙이
갈수록 멀어져 가는 모래알 섞는 소리
하, 여, 간
큰 기류 따라 이력을 쓰고 있다.

돌아오라, 명태*

1

동해 물목 거진항에 해조음 밟히는데
한 척 배 어기漁期 놓치고 맥없이 흔들린다
아버지 잠 못 이루는, 불빛 하나 새는 문틈.

온난화, 온난화로 한 세기 저물어가나
집어등 한류 타고 베링해에 그물 펼 때
아득한 뱃고동 소리 너울지는 안부다.

2

거친 파도 일렁이는 부서진 얼음 조각
철마다 못 잊어서 찾아든 노가리들
그 텃밭 모른 체하고 지금 어디 떠도는가?

눈 덮인 설악산 자락 가뭇한 바닷길에
늙은 어부 더운 숨결 팔목 잡는 거센 물살

별자리 누울 곳 찾다 숯이 되어 젖는다.

3

겨울 바다 축제에 그 많던 명태가 없다

바리**, 바리 엮인 두름 똥개도 물고 다녔다던 흔하디흔한 명태, 고성 항구 파시마다 찾아든 낯선 손님*** 눈길 끄는데 '고성 랜드마크 공원'에 파도 업고 솟쳐 오른 몸꼴 큰 명태 껴안은 키 작은 어부 석상 눈알만 부라리고….

목이 쉰 가는 바람에 회색 돛을 내린다.

먼바다 바라보는 눈빛, 노을 속에 감기고
된바람 풀잎 떠는 소리 텅 빈 밤을 채운다.

* 우리나라 명태의 75%를 잡던 고성 항구(거진항, 대진항, 가진항)의 명태는 러시아산이거나 일본산이거나 원양태이고 지방태는 거의 없다. 축제를 위해 부산 냉동 창고에서 실어 온 후 급히 해동한 것들이다. '고성명태축제' 명칭도 '고성명태와 겨울바다축제'로 부르다가 지금은 '통일고성명태축제'로 바뀌었다.

** 말이나 소의 등에 잔뜩 실은 짐을 세는 단위. 한 바리는 명태 백 두름을 이른다.

*** 난류성 어류(꽁치, 오징어, 멸치, 방어, 복어, 노랑가오리 등).

퓨전마당 3

울림마당

풍물놀이 자진가락

3막 5장 스펙터클

재즈와 수제천이 뒤섞이는 울림마당

또 어느

시대의 자락 위적偉蹟 이어갈 것인가.

그림마당

길섶의 오랑캐꽃

풋기운 넘친 아침

눈가에 어른거린 내 유년의 파스텔화

한지에

데칼코마니 덧칠하는 난달이다.

몸짓마당

눈동자에 피어나는

발레리나 하얀 몸짓
진쇠춤 담금질에 흠씬 젖은 떨림이다
한 마당
지는 잎 풍경 진양조로 저문다.

늦가을 호수

현호색 하늘빛이
깊이 잠긴 눈동자에

깃 젖은 티끌세상
하염없이 이는 파문

배롱꽃 잎 지는 소리
밀려드는 헛헛함.

등 뒤에 먼 산기슭
누렁소 애달픈 울음

갈잎은 시리도록
제 아픔을 달래고

눈 감자 물빛 아련함이
온몸 감싼 이 허기.

꽃바람 이는 한낮 1

– 재개발

산자락 펑퍼진 들 바람꽃 이는 한낮

낯선 사람 발뒤꿈치 흙먼지 자욱하다

대 이어 지켜온 토담 허물 건가, 말 건가?

움츠린 갈대꽃은 동심원 그리는데

파도는 파도를 먹고 휘둘린 빈 마당에

끝내는 앞섶 풀어젖혀 달집 태워 사른다.

죽순은 안개 속에 불쑥불쑥 웃자란데

뜸 들인 꽃바람에 몸져누운 해포이웃

저마다 산 하나 지고 찬합집을 찾는다.

꽃바람 이는 한낮 2

– 재건축

감나무 섰던 자리 돌아서면 철근 솟고

에돌아 쳐다보면 등 짓누른 고층 건물

늪 아닌 늪에 빠져들어

납작해진 내가 있다.

이리 보나 저리 가나 하늘 밑 너무 깊어

두부 장수 따끈따끈한 감칠맛 사라지고

햇살이 몸부림치다 누워버린 저녁답.

줄장미 흐드러진 돌무덕 담장 사이

허리 굽은 할머니 가게 퀴퀴한 골목쟁이

스치는 옷깃 눈짓이

가물가물 밟힌다.

꽃바람 이는 한낮 3

– 변태한 벌

휘둘린 돌개바람에 산허리 이지러져
꽃피울 갈망의 꿈 어디 가서 찾을까
질경이 쉴 곳을 잃고 변태한 벌 울고 있다.

앞가슴 풀어 헤쳐 꽃무늬 새긴 강변
거세진 삽질 소리 굴절시킨 슬픈 잔해
갈목은 제 갈 길 아는지 어긋버긋 움츠린다.

지켜온 천년 세월 못 돌이킬 저 별자리
어느 날 날아든 새 떼 제 둥지라 야단이고
한 생애 애증을 품고 변태한 벌 웃고 있다.

꽃바람 이는 한낮 4

– 풀내 꽃내

돌
자갈
띠밭 뙈기
버려둔 자드락 땅

꽃바람
솔솔 불어
민들레 갓털 나부낀다

세상사
비껴 앉으면
숨은 별을 볼 수 있다.

재래시장

1
꾸질한 빗길에도 기척이 이어지던
지난날 수국빛은 그리도 부러웠다
마른 땅 깊이를 잰다, 상현달에 목이 멘다.

2
잡살뱅이 이지가지 왁자하던 시장 바닥
물길은 가녀리고 샐그러져 사춤 치고
한 시대 펴놓은 멍석 허기진 놀빛이다.

3
자릿내 걷어내어 하늘빛 풀어놓고
세상사 가풀막에 침묵을 깨뜨리어
동고비 날갯짓 소리 낮꽃 피는 그런 날은.

브랜드 코리아 1

K팝

멀고 먼 꿈결 같은 솔숲에서 지새운 밤
목이 멘 오랜 체증 만년설 녹아내려
선율은 까치놀 희뜩거린
포물선을 그린다.

흰나비 날갯짓에 계절풍 능선 넘어
여울의 맑은 음향 큰 바위 흔들리고
귀 여린 감성 언어가 분홍 꽃물 들인다.

가랑잎 달빛 찰랑 손짓 하얀 풍경 속에
아프리카 어린이 말춤에 저녁놀이 들썩이고
물 맺혀 산드러지게
하늘 아래 펼친다.

브랜드 코리아 2

태권도
앞섶의 곧은 바람 서슬 푸른 갈기 같은,
잔잔한 국화 향기 동여내는 햇살 같은
저기 저 두루미 행렬 지구본을 굴린다.

김치
매큼한 붉은색이 돋보이는 질그릇에
여인의 침묵이 삭아 먼 빛깔로 다가앉은
앙증한 보시기 하나 세상 밖에 꽃이 핀다.

아리랑
위도 경도 잉아귀*로 신명 그리 풀어낼
울림통 출렁 흔들 반도의 풀뿌리 선율
재우쳐 천년을 하루처럼 길이 새길 미션이다.

갤럭시

닻별의 말 쓸어 담은 청명산 명지바람
어스름 다듬거리다 오로라 휘어잡고
마침내 손안에 들어와 비파 음을 뜯는다.

아반떼

거친 들 에굽은 산길 재촉하는 휘장걸음
무너진 경계 밖의 육대주에 뛰어들어
저 극지 꽂은 푯대가 파랗게 나부낀다.

* 베틀의 날실을 한 칸씩 걸러서 끌어 올리도록 하는 귀.

브랜드 코리아 3

독도

태초 이래 환웅 유산 물속 깊이 뼈를 묻고
파도 덩이 뒤척이는 빗돌 거기 새우느니

보란 듯 동해가 우는
해조음을 되질한다.

한반도 동쪽 끝자락 품 안의 흑진주를
눈딱지 외로 꼬는 왜구들 부레끓이는 소리

봉숭아 꽃물결 같은
우리네 늦둥이다.

휴전선

밀림 늪 깊은 적막

달무리 화석인가
생피 흘린 참혹 한때 멀어져 간 찢긴 아픔
어느 날
봇물은 터져 거북등을 적시려나.

오시목 떨켜 같은
휘어져 굳은 흉터
홍·청이 무어기에 백골난망 눈 뜬 주검
이제야
희년의 담 아래
멍석 펴고 잔을 드나.

작은 돌섬

동해 물목 외진 자리 파도 안고 똬리 튼 세월

겉옷 다 벗은 채로 불쑥 솟아 나와 하늬바람 끌어안고 허공을 호령하다 들끓는 풍랑에 대끼고 대끼어도 먹구름이 스러지던 날 여울의 가쁜 숨소리, 철모르는 철새의 날갯짓 소리, 늦바람에 자폐증 앓는 소리, 파랑에 이는 포말 죄다 사르고 오롯이 제 존재를 비우고 또 비우다 은빛 파도 언저리에 찾아든 조난 어선 손 들어 반기는데 따개비 웅성웅성 환희에 찬 합창 열기 하늘을 휘젓다가 때로는 멀거니 돌아서서 우수에 젖는 생사의 참혹한 무게

기꺼이 계선주繫船柱 되어 첫길 여는 저 낮빛.

Ⅳ

풀피리가 휘고 있다

겨울 갈꽃

가부좌한 낮달 아래
갈꽃 목이 흔들린다

먼 안부
오랜 설렘
하롱하롱 타는 이생

빈 들에 그 버거운 짐
쉬 부리지 못하는가.

오얏나무 꽃자리

물오른 가는 줄기 열매 속 꽃을 보는
눈석임 흘러내린 그 환한 목소리에
새도록 꿈속의 푸나무 너도나도 눈을 뜬다.

삶은 팥의 향기처럼 마른하늘 초록 길섶
윤슬 사른 바람결에 피어나는 꽃빛마다
보란 듯 풀물 들이는 설렌 가슴 때린다.

분홍빛 바람 타고 옷자락 나부끼던
오얏나무 꽃자리 햇살이 떨어지는 곳
언제든 찾아와 앉을 당신만의 빈자리다.

품세

센 박자, 여린 박자 호수에 미끄러지듯
끊어서 맺은 몸짓은 스키어의 칸타빌레
저 단애, 춤사위 자락 달빛에 묶어둘까.

눈앞의 하얀 불꽃 고요로이 가득 차고
깊숙이 빠져드는 하늘빛 같은 저 안무
만상이 수굿해지는 앗! 순간 불꽃 튄다.

나비의 날갯짓에 모래산이 훽 잘리고
멈춰 선 마파람에 검은 장벽 무너지는
온 누리 하나로 품어 내려놓은 아침 바다.

지젤 라인*

외기러기 저 날갯짓
달빛 살금 비켜 가는
풀꽃같이 일고 사른 반쯤 접힌 그대 안부
한 생애
골 깊은 적막
어쩌지를 못한다.

백합꽃 하얀 바람 긴 목선 등을 타고
미끄러져 흘러내린 아득한 박명의 길
길 없는 이승과 저승 오고 가는 저 몸짓.

넘어질 듯 날아갈 듯
눈물 가득 딛고 서서
시름 안고 꽃을 피운 휘우듬 이어져 가는
못다 푼
인연 한 자락

파란 물**의 절규다.

* 발레 〈지젤〉의 춤사위.

** 노발리스는 「푸른 꽃」이란 소설에서 파란 물을 죽음과 재생의 상징 언어로 사용하고 있다.

품바, 품바

꽃바람 이는 장터 누더기 그 춤사위
너스레 히죽히죽 발길을 잡아매는
절절이
구성진 소리 초봄의 냉잇국 맛.

'얼씨구 들어간다' 왜 안 죽고 또 왔는가
종갓집 후덕한 마님 손등 보러 왔다 하네
빈 깡통 흔드렁거리며 야유 · 풍자 잘도 논다.

무심 · 허무 일깨우려 질러보는 함성인가
피멍 든 가슴 안고 해학 · 영탄 잘도 한다
한 세상 신명을 푸는 들꽃 향기 그윽하다.

궁핍을 피리 삼아 풀어내는 그 한 마당
등이 휜 세한삼우 따뜻한 핏기 돌아
걸쭉히
늘어놓은 소리 조팝꽃이 환하다.

솟대 엘레지

옛집 가는 마을 어귀 날개 접은 솟대 군상
철부지 텃새 물새 햇귀 한입 물고 날 듯
거미줄, 거미줄 쥐고 허방 딛는 바람이다.

햇살 한 줌 받아 들고 술렁이는 돌개바람
날갯짓 그리 접고 적막 너머 가위눌린
못 메운 삶의 웅덩이 올서리가 차갑다.

강마을 야적장에 썩은새 모로 누울
허공에 흩날리는 삭정이 깔고 앉아
그 온갖 속살의 아픔 건사하지 못한다.

일상의 시름 재울 장대 자리 물색하다
먼 기슭 길을 잃고 깊어가는 텅 빈 고요
한 시대 호방한 기세 풀피리가 휘고 있다.

밧개독살*의 전어 한 마리

한사리 밀려드는 몽산포 앞자락에
난바다 잦은 너울 메밀꽃 저리 일어
천년의 파도 소리가 예사롭지 않은데.

모래 쪼며 서슴대다 흘러간 물길 보고
아가미 접는 순간 밧개독살 품에 안겨
밤보다 깊은 두려움 비수처럼 꽂힌다.

지느러미 미동도 않는 한낮의 고요 속
날 새운 볕살 피해 돌 그늘 입에 물고
저승의 거울 앞에서 주기도문 외운다.

하늘 밑 창살 핥다 이우는 붉은 노을
천만 번 담금질하는 무쇠 같은 시간인데
해미 속 너울을 타고 상현달이 달려온다.

* 고기 잡는 돌그물. 밀물 때 들어온 물고기가 썰물 때 그 안에 갇혀 나가지 못하게 하는 원리를 이용한 어로법.

행복 바이러스

– 인명숙의 닥종이 인형

터질 듯한 볼때기에 가부좌 틀고 떠는 너스레

응둥이 응석받이 금세 둘이 웃기고 웃다가 뉘 하나 사라져도 모를 만큼 째진 눈에 벌어진 입, 그 애가 그 애 같은데 다 다른 누르스름한 황토색 어설픈 낯빛, 생긴 건 투박한데 따뜻하게 다가오는…

버려질 나뭇가지 끝, 돋을 잎이 파랗다.

너네의 행복 바이러스 왁자한 툇마루에
어둡던 가파른 길이 환히 비쳐 보인다.

굽이진 가풀막

낙산 오름 등 굽은 길
안개비 내리는데

지하도 노숙자는
소주병 붙들고서

금이 간 유리잔 속에
시름 거푸 퍼 담는다.

허위허위 걸어온 길
가풀막 기어오르다

뒤틀린 누더기를
끌어안은 그 나그네

아리는 발뒤꿈치에
굳어가는 깊은 신음.

멎은 1초

열대야 극성인 날 칼끝에 멎은 1초

부챗살 높이 쳐든 만장輓章의 행렬 같은

검술사 하얀 옷자락 붉은 얼룩 맺힌다.

물러선 초침 뒤쪽 전광판이 깜박인다.

누굴 위해 움찔했나, 먼 빛깔 흔들리어

한 생애 저 깊은 적막 국화 향기 이운다.

* 2012년 런던올림픽 펜싱여자에페단체전 결승에서 '멈춰버린 1초'.
오심에 우리의 신아람 선수는 눈물을 쏟았다.

가시에 찔린 다람쥐

– 유비쿼터스*가 나를

멀쩡한 일과 속에 종종걸음 짧은 하루

가래울↔선사유적지 마을버스 카메라에 이마의 잔주름을 새기고, 명일역 지하도 내려설 때 빤히 보고, 또 또 보고 무심코 돌아드는 그 골목길 빅 브라더 너 이놈! 회전문 따라 들어가면 어느 때나 음흉하게 엿보는 천장의 크고 작은 공룡의 까만 눈알 누구도 모르는 모두의 바코드 거머쥔 손 숨결을 더듬고 더듬는다 절간 골짝 산울림도 감아쥐고 끌어당겨 벗길 대로 벗겨진

나와 너 어항 속에 갇힌 별것 아닌 투명 물고기….

허공은 뉘 것이라고 깃발을 펄럭일까,
땅속은 또 뉘 것이라 더 깊이 파묻을까.

광나노 거미줄이 휘감은 하늘 아래
벌거벗은 광야는 좁고 움츠릴 골목 너무 밝다.
가시에 찔린 다람쥐, 다람쥐는 다람쥐다.

* 컴퓨팅 또는 퍼베이시브 컴퓨팅pervasive computing이라고도 한다. 시간과 장소, 컴퓨터나 네트워크 여건에 구애받지 않고 자유롭게 네트워크에 접속할 수 있는 정보 기술IT 환경 또는 그 패러다임.

깃 젖은 갯벌

수평선 풀어 헤쳐 맨살로 드러누운 펄
한 여인 몰래 삭은 살가운 몸짓인가
굼뉘*의 튀는 자락은
한살이 깃발인가.

하늘빛 내려앉아 거풍하는 시간마다
갯벌은 북새통에 숨 가쁘게 돌아가고
수많은 내면 갈등을 치마폭으로 감싼다.

물때에 대끼다가 하늘빛 받아 들고
시답잖게 더듬거리다 잠시 사른 살기 다툼
저문 날 사내와 여인, 의뭉스러운 넉살이다.

태초의 섭리 속에 새겨놓은 원형질 같은
그 오랜 침잠 세월 오롯이 갈무리하다
언제든 어머니처럼

마다 않고 다 내준다.

* 바람이 안 불 때 치는 파도.

헛가게 찻집

하얀 김 하얗게 바랜
암사시장 어둑새벽
뻥 뚫린 하늘 벽이 보꾹 인 시원한 집
언 밤의
가장자리를 돌아 앉아 달군다.

종이컵 들어앉힌
플라스틱 손잡이가
우윳빛 도기 아니어도 촌스럽지 않은 것은
삶의 결
곰삭은 손끝 물들이는 아침노을.

와 닿는 맛 알싸하게
혀끝에 맴을 돌고
입은 또 열려 있어 잡음 죄 풀어 헤쳐
늘 그리

꿰매온 상처 발 디딤을 부추긴다.

오랜 세월 헤매어
구겨진 냄비 같은
사는 일 모닥불에 라면 끓듯 잉잉대도
가끔은
동백꽃처럼 그리 붉게 타든다.

아내의 한강

구정물 다 걸러내어 하늘빛 우려내고

한 번도 너덜 바닥 드러내지 않는 저 물길

그런 그 뜨거운 가슴에 뿜어주는 솔향기.

세상사 다 풀어내 서운함 흘려보내고

힘들 땐 손 내밀어 명주 옷깃 펴겠다는

잔잔한 맑은 강둑에 들꽃 담은 물빛이다.

V

물빛 같은 길을 낸다

빈 상자 탑

– 어느 넝마주이 대모代母

잡동사니 쌓아 올린 그 마을 뒷길에는
빈 상자 탑 비틀대는 절룩거린 리어카에
뚝뚝 뚝 비의 저녁답 땟국물이 번진다.

한강 물 물길 보고 뿌리 내린 삘기 더미
묵정이 그 속에서 고갱이를 길러내는
고달픈 꽃잎의 여인, 움막 지은 산이 있다.

가쁜 숨을 입에 물고 전신주 붙들고 선
폐지 몇 장 주워 얹은 반나마 늙은 자전거
찬 바람 목에 들이쳐 밤을 새워 보갠다.

배고프고 시린 저녁 모닥불 지핀 기억
해 뜰 참 갈꽃 송이 재채기 감아쥐고
먼발치 찬바람머리 겨우살이 사품친다.

안남댁*

낯선 땅 열린 마당 겉도는 에움길에
가을 산 허기 달래는 억새 꽃잎 흩는 그날
한 생애
꿰뚫어 보는 다릿돌을 놓고 있다.

외진 골, 바람 골목 흙냄새 뭉클한 곳
남루를 떨쳐내고 함지박에 꽃물 들일
여인의 속 깊은 울혈 작은 섬이 흔들린다.

일상어 서슴거려 활짝 피지 못하고
마른날 서녘 끝에 손톱 밑 티눈 같은
저 창밖 고요 가득히 비꽃이 떨어진다.

봄을 여는 꽃노을 속 느닷없는 거센 파도
음양각陰陽刻 서린 무늬 어쩌지 못할 때도
세상사 오미자의 맛 텃밭에 묻고 산다.

엇갈린 배경음악 근린소음 갈아엎고
허기진 가풀막에 물빛 같은 길을 낸다
안남댁
안부 새긴 꽃잎 먼 하늘로 띄운다.

* 베트남에서 시집온 여인.

겨울비

– 어느 탈북 여인

강일동 비닐하우스에 봄빛 머금은 겨울비
바순의 스타카토 온음표로 추적대는데
여명에 등불 켜 들고 산번지를 달린다.

삶의 골 멈추게 한 손바닥 그 굳은 옹이
섬겨온 마디마디 떡살처럼 발 도장 찍고
손잔등 어루만지다 바람길을 돌아본다.

무서리 걷어 가는 메마른 마칼바람
밤낮없이 피고 지는 메밀꽃 너울 타듯
깊숙한 그대 눈 속에 무인도가 출렁인다.

흙냄새 아픈 구석 입 다문 외진 자리
햇살로 녹일 수 없는 여인의 숨은 상처
초배지 쓸어내리듯 푸서릿길 밟는다.

날삯꾼 하루

날마다 다른 일감 이리저리 꿰맞추다
나르고 되작이고 몸닦달이 짧은 하루
길 위의 푸른 불빛에 쌓인 주접 서린다.

작은 돌섬 대책 없이 풍랑에 묻혀 살듯
앙상한 풍경 속에 달걀가리* 쌓다가
어둠을 대끼고 누워 해작이다 밝힌 밤.

가로등 나비물 뿜어 애순을 적시는데
한잠 더 자려다가 순번 밀려 허탕 칠라
숨 가쁜 알람 소리에 풀꽃잎이 피어난다.

* 달걀을 쌓은 가리라는 뜻으로, 현실적으로 가능하지 않은 일을 이르는 말.

셈법에 목 타는 세 개의 명제

취업

강 건너 짙은 숲길 일렁이는 바람결에
구리 선 치열한 열기 코일 속 숨 다지는
다가설 시원의 틈새 비탈길에 눈길 간다.

손바람 무뎌지는 골풀무 담금질에
밟히는 푸른 갈피 찬 이슬 내리는데
기웃이 돌고 돌다가 숙연해진 풍경 하나.

혼기

꽃밭과 푸서릿길 한 획 그을 그런 계절
등고선 끌어당길 셈법에 목이 타고
기댈 곳 갸웃거리다 잔디밭에 농무 인다.

꽃술 위로 부는 바람 햇살 모아 속삭일까

둥지에 핏빛 붉은 가을 열매 담아볼까
수없이 뜨고 내리는 활주로가 무덥다.

창업

안개꽃 맴돈 소문 들새가 물고 나는
몇 굽이, 돌고 돌아 아득히 솟는 봇물
한 벽면 못 박힐 자리 점멸등 아련하다.

접었다 펼쳐보다 못다 읽은 책장 덮고
일어서다 쓰러지는 외진 골 그 한 마당
늘 다진 푯대를 꽂아 아침놀에 불 지핀다.

어느 새터민

비 내린 가을 어귀
초삼일 청무밭에
도새의 거친 무늬 찬 이슬 걷어 가고
뉘 몰래
낯을 붉히다 목울대가 젖는다.

언 강의 갈기 타고 가슴 죄어든 두 갈래 길
고단한 생애 여정
불꽃 다시 지피는데
못 잊을
먼 산모롱이
초승달이 서린다.

핍박의 그 몸서리
눈물 감춘 뒷자리도
지체 따라 호사바치 접어둔 눈요기인데

한 세상
자진타령장단 연잎 위에 얹힌다.

엇박자 풍악놀이

– 여의도 너테

아랫목 윗목이 없는
도독한 얼음 껍질
너도나도 따로국밥 혼음 몇 줄 내다 걸고
그 누가
어설픈 솜씨로 가로세로 셈을 할까.

무태의 질그릇에 이끼같이 채울 덕담
녹이 슬어 으스러진
굴습성屈濕性*의 방패와 창
무시로 더듬적대며 따따부따 흰소린가.

엇박자 풍악놀이
툇간의 구긴 소리
또 어느 퍼즐 조각 각주 달아 메꾸고
뉘라 저
생이 이울기 전 동락 쌈지 꿰매나?

* 식물체 뿌리가 습도가 높은 쪽으로 굽는 성질.

한옥의 눈맛

산 아래 동네 어간 한갓지게 자리 잡은
기왓장 포갬포갬 무게 실은 용마루 선

천년의 그 깊은 숨결
의젓하게 다가온다.

첫아이 옹알이가 햇살 고인 툇마루며
치오른 처마 선은 들쳐 보인 속옷 자락

서늘한 눈맛의 미감
피어나는 묵향이다.

흘림기둥 쓰다듬다 주춧돌에 멈춘 눈길
한 소절 소야곡이 빈 가슴 적셔준다

선대의 손길 더듬는
고즈넉한 여유라니.

줄광대

삿자리 비질하듯
아니리의 애드리브

삶의 골 푸른 적막
한시름 달래는가?

눈 시린
갈망의 피멍
환히 씻어 보인다.

잡아맨 작사리에
휘어진 삼현육각

날파리 용안 밟듯
짜릿한 외줄놀음

이생의
먼 영겁회귀
솔잎처럼 푸르다.

신두리 사구*

마칼바람 간질이는
마른 벌 신두리에

한짓빛 모래톱이
잠비**에 젖고 있다

쌓인 듯 꿈틀거리듯
하늘빛 품고 누웠는가?

먼바다 천년의 울음
하얗게 바래지고

별 하나 뜬금없이
맨몸의 속앓이인가

노을빛 거두어 가는

한살이 업보인가?

* 태안반도에 있는 천연기념물 제431호.

** 여름철에 내리는 비.

국화도에서 일박一泊

만선의 깃발이 사무치는 그런 날에
기러기 젖은 울음
운문 몇 절 풀어놓고
가슴에 피어나는 꽃잎 썰물 따라 나선다.

한살이 갖은 시름 밀물에 씻으려다
물 맺힌 지난 세화 켜켜이 삭은 결을
일몰은 동백꽃 같은 붉은 피를 사른다.

까치놀 잠을 청한 먼 기슭 가풀막에
묶어둔 빈 배 한 척
별처럼 슬피 우는 밤
뉘 몰래 괴는 달빛에 시 한 수를 새긴다.

어느 지게꾼의 회상

얼어 튼 거북 손등 어둑새벽 끌고 와서
눈설레* 시린 발끝 모닥불에 구워내고
밤새워 철썩거리는 외로운 섬 지켰다.

등태의 곰팡이는 개부심에 못 씻겨도
지게 통발 토닥이며 패랭이 산조 엮어내
눈가에 웃음꽃 피워 등 굽은 시간 펴왔다.

천 뭉치 잔뜩 지고 시장 바닥 비켜 가다
어묵 국물 진한 냄새 칼칼한 목 축이어도
길 위에 저당을 잡혀 멈춰 서지 못했다.

질퍽한 모퉁이 길 지린내 담배꽁초
가야 할 곳 힘들던 길 썰렁한 그 한겨울
안개 속 세월의 흔적 불을 밝혀 쌓았다.

* 눈과 찬 바람이 몰아치는 현상.

게놈지도

생채기 떨켜 같은 연옥사에 핀을 꽂고
말로는 못다 해도 타래실 풀려나듯
결 끝은 뫼비우스의 띠
네 행적을 여순다.

뒤엉켜 채색된 숲 뽕잎 위에 잠든 누에
민들레 야윈 갓털 휘젓는 허공 아래
빛바랜
인화지 속에 돋을새김 살아난다.

개비리길*

낙동강 굽어보는 영아지마을 개비리길
벼랑의 그늘 한 자락 옆에 끼고 걷던 그 길
녹이 슨 발자국마다 더넘바람 안기던 길.

사계절 갈고 닦아 귀 밝은 벌레 소리
산 끝자락 기암절벽 수중 궁궐 울을 치나
어쩌다 멀거니 돌아볼 뒷모습이 짠하다.

푸른 햇살 와 닿아서 은빛 금빛 빚어내는
모래톱 허물어져 꽃노을에 잠이 든 강
그 누가 휘어진 물무늬 그려낼 수 있을까?

* 경남 창녕군 남지읍 영아지마을에서 용산마을로 이어지는 낙동강 가의 낭떠러지 길. 사대강사업으로 강의 모래톱과 기암절벽을 볼 수 없게 됐다.

| 해설 |

사물과 타자의 흔적을 통해 구현하는 고전적 서정

유성호 문학평론가 · 한양대학교 국문과 교수

1

최근 우리 '시조時調'는 매우 활발한 외관을 보이면서 우리 고유의 시 양식으로서 자기 위상을 굳혀가고 있다. 인적 · 매체적 구성의 폭이나 작품의 성취에서도 시조시단은 그 어느 때보다 유의미한 성과를 거두고 있다. 그렇게 시조는 박제가 되어버린 옛날 양식이 아니라 독자적인 자기 권역을 개척해가고 있는 현재형의 양식으로 거듭나고 있다. 이 시점에서 우리는 "왜 굳이 시조여야 하는가?"를 새삼 질문해볼 수 있을 것이다. 첨단의 디지털시대에 시조라는 오랜 양식의 궁극적 존재 이유는 무엇인

가. 이때 우리는 시조에는 시조가 아니면 안 되는 고유한 형식과 자질이 있다는 점에 상도想到하게 된다. 그것은 정형의 울타리 안에서 인간의 원초적 정서와 통합적 삶의 이치를 가로지르는 과정에 놓여 있을 것이다.

천강래 시인의 첫 시조집 『이팝꽃 하얀 바람』은, 이러한 시조 양식의 장처長處를 집약한 빼어난 성취라고 할 수 있다. 그는 전남 해남 출생으로 이번에 등단 10년 만에 첫 시조집을 낸다. 그 안에는 "갯가며 포구 / 크고 작은 항구의 선착장"(「시인의 말」)을 한없이 떠돌아다녔던 지난날이 충실하게 담겨 있다. 그는 시조만이 가지는 고유한 표현형식과 자질을 순도 높게 형상화하면서, 동일성에 바탕을 둔 삶의 '충만한 현재형'을 구현하는 데 그 의의를 두고 있다. 시인은 전통적 서정 양식의 속성, 곧 대상과의 동일성을 추구하는 모형을 올곧게 보여주면서 안정된 시형 속에 자신의 삶 체험과 진솔한 정서를 담아내고 있다. 그 점에서 천강래는 세계와 자아 사이의 균열에 대해 긴장하면서도 삶의 궁극적 완성을 믿는 고전주의자이다. 그래서 그는 사물과 타자를 세밀하게 관찰하고 표현함으로써 자신만의 고전적 세계를 탐구해가고자 한다.

2

우리가 잘 알다시피 시조의 고유한 형식 자질인 '정형'은 자유로운 시상詩想을 원천적으로 막는 장애물이 아니라, 일정한 구속을 통해서만 성취 가능한 역설적인 '존재의 집'이라고 할 수 있다. 따라서 정형 안에서 이루어지는 절제된 경험과 언어는 그 자체로 커다란 스케일보다는 작고 미세한 움직임으로 이어지는 경우가 많다. 그런가 하면 장엄하고 파장 큰 서사보다는 시인의 내면에서 생겨나는 순간적 정서가 우세하게 마련이다. 천강래 시인은 자신의 내면에서 점화點火하는 서정의 정점을 '바다'와 '산'에 흔연히 건네주고 있다. 다음 시편을 먼저 읽어보자.

은빛이 팔딱이는 서천 홍원 그 부둣가
벌거벗은 비린내에
들깻잎이 포개지고
베어 문
전어 한 쌈에
입속은 가을빛 한 쌈.

허연 거품 게워내며 떼 지어 몰려오는,
몸통 큰 짐승 같은
파도 덩이 등에 지고
그물질
힘겨운 어부
눈빛에도 가을빛 한 쌈.
–「가을빛 한 쌈–전어 축제」 전문

가을철의 상징이 되어버린 듯한 '전어 축제'의 한순간을 잡아낸 시편이다. 시인은 "은빛이 팔딱이는 서천 홍원 그 부둣가"에서 "가을빛 한 쌈"을 느끼고 있다. 물론 그러한 홍성거림을 가능케 한 것은 짐승 같은 파도를 등에 지고 힘겨운 그물질을 한 어부의 눈빛이었을 것이다. 그 눈빛에 어리는 "가을빛 한 쌈"이 결국 시인이 노래하고자 하는 것이었을 터이다. 그렇게 시인의 시선은 축제 한복판에서 그것의 원천이기도 한 "보이지 않는 커다란 힘"(「하늘빛 바다–믿음 1」)을 느끼고 있다. "출렁이는 은물살에 세상 무늬 덧씌우고"(「발목 시린 마도요」) 살아온 이들의 건강한 힘과 눈빛이 전해져 오는 '바다'의 서정을 한껏 느끼게 해주는 시편이 아닐 수 없다. 다음의 '산山'은 어떠한가.

계곡 초입 푸른 기운 눈꽃 피는 산꼭대기

겨우내 몸살 앓다 수굿해질 저 산빛이

긴 생애 저무는 시간 화첩 접어 넘긴다.

가풀막 꼬부랑길 가늘어진 햇살 번져

호두나무 물들이는 갈잎의 꿈틀거림

바람은 고운 색 풀어내 텅 빈 가슴 적신다.

한 생명 사그라져 받쳐 든 씨알 몇 톨

방긋이 열어 보일 하늘가에 묻어두고

미틈달 구름다리에 쉼표 하나 찍고 있다.

–「미틈달–두륜산 구름다리에서」 전문

'미틈달'은 가을에서 겨울로 바뀌는 11월을 뜻한다. 어떤 기운이 서서히 이울어가는 때에 시인은 "푸른 기운" 위로 "눈꽃 피는 산꼭대기"를 바라본다. "겨우내 몸살 앓다 수굿해질 저 산빛"도 "긴 생애 저무는 시간"으로 이루어진 화첩을 넘겨갈 것이라고 생각하는 것이다. 그러니 가늘어진 햇살이 번지면서 "바람은 고운 색 풀어내 텅 빈 가슴 적"시지 않겠는가. 하지만 "한 생명 사그라져 받쳐 든 씨알 몇 톨"은 어느새 새로운 시간을 예비하고 있다. 그렇게 '두륜산 구름다리'에서 바라본 '산'의 서정에는 "깊숙이 빠져드는 하늘빛 같은 저 안무"(「품새」)가 있고, "입 다문 / 비탈의 기억"(「남한산성 시편-유월 어느 날」)과 "먼 기슭 길을 잃고 깊어가는 텅 빈 고요"(「솟대 엘레지」)도 출렁이고 있다. 천강래 시조의 서정적 정점을 느끼게 해주는 가편佳篇들이다.

이처럼 천강래 시인은 '바다'와 '산'을 배경으로 하면서도 인간의 가장 근원적인 눈빛과 생명 의지를 발화한다. 그럼으로써 한편으로는 풍요의 그림자를 거느린 가을을 노래하고, 다른 한편으로는 소멸해가는 뭇 사물을 품은 가을을 그려내고 있다. 이를 통해 그는 우리로 하여금 '시(시조)'에 관하여, 삶의 쓸쓸함과 그리움과 허전함에 관하여, 그리고 그 모든 것에도 불구하고 건너야 할 시간의 흐름에 관하여 암시를 받게끔 하는 고전적 세계를 보여준다.

3

다음으로 우리는 천강래 시인이 전통적 형식에 일상의 무늬들을 담고 있는 풍경을 만나게 된다. 물론 일상의 쇄사가 가지는 문양은 우리 주위에 다양하게 편재해 있는 사물의 외관을 감각적 구체성에 의해 사실적으로 묘사함으로써 가장 잘 형상화된다. 시인은 감각적 현재형의 묘사와 함께 지난 시간에 대한 남다른 기억을 통해 사물을 구성함으로써 일상의 무늬에 한 걸음 깊이 다가선다. 형식논리적으로는 모순으로 보이는 이러한 발상과 작법은, 우리의 현재형이 과거와 격절隔絶된 것이 아니라 기억을 매개로 하여 과거와 이어진 형식이라는 사실을 알려준다. 이때 기억의 내용은 표면에 떠 있는 고정된 상像을 의미하지 않고, 당시 상황과 유사한 맥락이 도래하면 언제든지 유추적으로 재현될 채비를 갖춘 형상을 말한다. 그래서 우리는 기억을 매개로 하는 시간 형식이야말로 천강래 시학의 가장 중요한 원리라고 말할 수 있다. 다음 시편들은 여성적인 소재와 분위기를 통해 그러한 원리를 암시해준다.

자투리에
한 땀
한 땀
복을 짓는 여인 손끝
긴 침묵
몸부림으로
생애 빗살 엮어 다진
그 숨결
천년 울림이
햇귀 같은
메아리.
–「조각보 1」 전문

음이온 토닥이는 어머니 숨결 같은

덧난 상처 감싸주는 포근한 그 발음체

우주 속 초록 에너지 코를 후벼 파고 든다.

움츠린 야윈 가슴 독수리 날개 펴듯

심장의 박동 주기 가수면假睡眠에 빠져들고

한시름 피막 가르는 연잎 위의 윤슬이다.

빛과 어둠 만지작거린 어울림의 은하 마당

그늘에 볕이 들고 울혈 뚫은 참꽃 피어

바늘잎 그 감성 언어 가슴 가득 채운다.

—「피톤치드」 전문

앞의 작품에서 '조각보'는 여러 조각의 헝겊을 대어 만든 보자기를 말한다. 시인은 많은 힘이 모여 새로운 차원을 이루어가는 정성으로 그것을 은유한다. 그것은 "자투리에 / 한 땀 / 한 땀 / 복을 짓는 여인 손끝"에서 생성 되어, 긴 침묵과 몸부림으로 엮어 다진 숨결이 마치 "천년 울림"처럼 메아리치는 것으로 형상화된다. 이는 「조각보 2」에서처럼 "수십 조각 덧대어서 삶의 즐문 쌓아 올린" 시간이며, "새 생명 불어 넣어 놓은 옛 여인들의 슬기"가 집적된 것이며, 궁극적으로는 "촘촘히 꿰매 되살려놓은 조화로운 황금분할"이기도 할 것이다. 시인은 여인들의 정성에서 오랜 시간의 축적을 통한 공동체적 기억을 톺아 올리고 있다. 그래서 '조각보'는 "천년의 그 깊은 숨결"(「한옥의 눈맛」)이 되어 우리의 몸을 덮고도 남게 되는 것이다.

뒤의 작품에서 '피톤치드phytoncide'는 식물이 스스로를 보호하기 위해 내보내는 항균물질이라고 한다. 그것이 시인에게는 "토닥이는 어머니 숨결 같은" 음이온으로 다가온다. 더러 그것은 "어머니 속내 같은 / 곰삭은 황석어젓"(「어머니의 황석어젓」) 같은 것이기도 할 터이다. '피톤치드'는 "덧난 상처 감싸주는 포근한" 마음과 "우주 속 초록 에너지"를 합친 은유적 상관물로 살아난다. 움츠린 것을 펴게 하고, 시름마저 피막을 갈라주는 윤슬의 힘을 보여주는 것이다. 그렇게 빛과 어둠을 만지면서 "어울림의 은하 마당"을 만들어내는 그 힘이야말로 그늘에 볕이 들이 들게 하고, 울혈 뚫은 자신만의 "감성 언어"를 가득 채워 넣을 수 있게 한다. 그리고 그 "감성 언어"는 "태초의 섭리 속에 새겨놓은 원형질"(「깃 젖은 갯벌」)처럼 근원적인 것이 아닐 수 없다. 그렇게 시인은 하나의 연속성으로서 경험되는 여성성 혹은 우주 속의 근원적 에너지를 상상한다. 그 연속성은 물리적 실재가 아니라 하나의 은유이고, 시인은 자신의 기억 속에서 그 기운의 엄연한 실재를 느끼는 것이다.

결국 천강래 시인의 시조는 시간의 흐름 속으로 보이는 사물들의 흔적과 만난다. '조각보'와 하나의 기억을 만드는 느낌, '피톤치드'의 기운과 시인의 육체가 겹쳐 보이는 느낌은, 모두 시인 자신이 삶의 숨겨진 이면을 투시하는 유력한 은유적 제재가 되고 있는 것이다. 그는 언어의 투명성과 중층성의 역동적 결합을 꾀하면서 사물의 흔적을 통해 보여줌과 감춤의 사이를 가로질러 간다. 따라서 그 사이를 바라보며 시간의 흐름에 동참하는 것이 우리가 천강래 시편을 읽는 일이 되는 것이다.

4

또한 천강래 시인은 주체의 내면 토로보다는 사물들과

의 접면에서 상황이 구성될 때 서정의 원리가 더욱 풍요롭게 구축되는 것을 알고 있다. 그는 삶의 순간마다 스스로 겪어온 경험들을 증언하고 거기서 비롯된 고통을 치유하기보다는, 고통의 연원을 끝없이 기억하면서 그것을 향한 긴장과 견딤을 택하는 것이 '시적인 것'에 더 근접한다는 사유를 수행하는 시인이기도 하다. 그의 시조가 가계家系를 사실적 배경으로 하면서도, 경험적 직접성을 밑천으로 삼고 있으면서도 경험의 배타적 절실함보다는 그것이 삶과 맺는 유추적 연관성에 더 깊은 관심을 가지는 까닭도 이러한 성정性情에서 비롯하는 것이다. 다음 시편은 어떠한가.

밭고랑 타고 앉은 땡볕의 긴긴 고요
어머니 뒤태를 닮아 생색 한번 내지 않은

눈물 반
웃음 반의 삶
은쟁반의 낮빛이다.

생땅 한 켜 일으키는 뭉툭한 저 호미 끝
아버지 발톱 같은 진흙 버덩 휘어진 세월

그 적막
갈앉는 무게
내 빈손에 포갠다.
—「닮은 호미」 전문

이 시편에 등장하는 "밭고랑 타고 앉은 땡볕의 긴긴 고요"는 그야말로 천강래 시학의 한 정점을 잘 보여준다. 그 '고요'를 일러 시인은 "어머니 뒤태를 닮"았다고 노래한다. 여기서 '어머니'는 "와 닿는 진진한 손길 나눔의 작은 곳간"(「어머니 헝겊 가방」)의 이미지로 살아난다. "눈물 반 / 웃음 반의 삶"이 서로 닮았고, "은쟁반의 낮빛"도 땡볕의 고요와 어머니 사이의 상관성을 보여준다. 거기 보이는 "뭉툭한 저 호미"는 "아버지 발톱 같은 진흙 버덩 휘어진 세월"을 환기하고, 시인은 아버지의 가파른 노동과 호미와의 상관성을 노래한다. 그렇게 '닮은 호미'는 한없는 적막의 "갈앉는 무게"로 다가오는데, 이때 '밭고랑'의 고요에 놓인 호미에서 시인은 "노을에 자장가 부르시던 어머니의 순음"(「징검다리 물 먹고 물 뱉는 소리」)을 듣고, "아버지 손등의 힘줄"(「홍도는 지금」)을 느끼는 것이다.

짧아진 딸아이의 치마 깃 스쳐 와서
아내의 입술가에 머무는가 싶었는데
보일 듯
가슴 설레는 벚꽃잎 지는 소리.

한세상 가풀막에, 밝아오는 풍경 속에
볕뉘가 문틈 타고 찾아드나 싶었는데
물 향기
가득 안고서 꼬리 감춘 명지바람.
—「봄, 가즈아」 전문

'봄'을 환기하는 "짧아진 딸아이의 치마 깃"이 순간적으로 "아내의 입술가에 머무는" 듯했지만, 시간은 어느새 "보일 듯 / 가슴 설레는 벚꽃잎 지는 소리"로 이어진다. "한세상"을 가파르게 비탈진 '가풀막'에 비유한 시인은, 작은 틈을 통해 잠깐 비치는 햇살과 함께 "물 향기 / 가득 안고서 꼬리 감춘 명지바람"을 느끼고 있다. 여기서 '가즈아'라는 말은 '가자'를 길게 발음한 것이며, 요즘 어떤 일에 대한 열망을 표현하는 데 주로 쓰인다. 시인은 가슴 설레고 물 향기 가득하고 부드러운 바람결을 통해 봄에 대한 열망을 노래한다. 그 풍경 안에 '아내'와 '딸아이'

가 소중하게 깃들이고 있다. 시인에게 그들의 삶은 "세상사 / 비껴 앉으면 / 숨은 별을 볼 수 있"(「꽃바람 이는 한낮 4-풀내 꽃내」)게끔 해주고, "나이테 잊고 살아온"(「웃는 수막새」) 세월 속에서 "잔잔한 맑은 강둑에 들꽃 담은 물빛"(「아내의 한강」)을 느끼게끔 해주는 맑은 수원水源인 셈이다.

이처럼 천강래 시인이 삶의 비의秘義를 암시하려 할 때 자주 시간의 흐름이라는 은유를 택해 자신의 경험적 흔적들을 구성하려는 욕망을 가지는 것은, 시간의 비유적 원리 때문일 것이다. 그의 시편은 시간에 대한 경험의 형식으로 쓰이면서, 시간의 흐름 안에서 삶의 본질을 투시하는 방법을 통해 여러 흔적들에 대해 사유한 결실이다. 그는 그 안에서 긴장과 견딤을 통해 '시적인 것'에 다가가려는 의지와 함께, 경험적 직접성을 바탕으로 그것이 사물들과 맺는 유추적 연관성에 대한 추구를 그치지 않는다. 가없이 깊고 융융하다.

5

그런가 하면 사물에 대한 시인의 섬세한 시선이 사회

적 현상과 유추적 접점을 형성하면서, 혹은 그 두 가지가 시편 안에서 이중으로 병치되면서 삶의 실재를 시사하고 있는 작품들은 천강래 시학을 풍요롭게 확장해주는 재부財富라고 할 수 있다. 다음 예거하는 작품들에서 시인이 구상하고 실천하는 서정의 원리는, 주체의 내면 토로가 아니라, 대상을 묘사하면서도 그 안에 오랜 흔적으로 담긴 서사적 계기들을 놓치지 않는 안목에서 가능한 것이다. 이때 그의 시선과 언어는 동시대의 타자들을 향해 아득하게 펴져나간다.

낯선 땅 열린 마당 겉도는 에움길에
가을 산 허기 달래는 억새 꽃잎 흩는 그날
한 생애
꿰뚫어 보는 다릿돌을 놓고 있다.

외진 골, 바람 골목 흙냄새 뭉클한 곳
남루를 떨쳐내고 함지박에 꽃물 들일
여인의 속 깊은 울혈 작은 섬이 흔들린다.

일상어 서슴거려 활짝 피지 못하고
마른날 서녘 끝에 손톱 밑 티눈 같은

저 창밖 고요 가득히 비꽃이 떨어진다.

봄을 여는 꽃노을 속 느닷없는 거센 파도
음양각陰陽刻 서린 무늬 어쩌지 못할 때도
세상사 오미자의 맛 텃밭에 묻고 산다.

엇갈린 배경음악 근린소음 갈아엎고
허기진 가풀막에 물빛 같은 길을 낸다
안남댁
안부 새긴 꽃잎 먼 하늘로 띄운다.
—「안남댁」 전문

'안남댁'은 베트남에서 시집온 여인이다. 그녀는 '낯선 땅'을 '열린 마당'으로 생각하면서 "한 생애 / 꿰뚫어 보는 다릿돌"을 놓는다. "외진 골"의 "바람 골목 흙냄새 뭉클한 곳"에서 그녀는 "허기진 가풀막에 물빛 같은 길"을 내며 살아간다. 그렇게 "봄을 여는 꽃노을 속 느닷없는 거센 파도"에 맞서면서 그녀는 자신이 떠나온 곳을 향해 "안부 새긴 꽃잎 먼 하늘로" 보낸다. 낯섦과 열림, 고요와 소음, 기쁨과 슬픔, 소망과 허기가 "음양각"처럼 서린 세월을 살아가면서 "눈가에 웃음꽃 피워 등 굽은 시간"(「어느 지게

꾼의 회상」)을 펴온 그녀의 삶을 시인은 따뜻한 눈길로 포착하고 형상화한 것이다. 아마도 "묵정이 그 속에서 고갱이를 길러내는"(「빈 상자 탑-어느 넝마주이 대모」) 세월 속에서 그녀는 "언제든 찾아와 앉을"(「오얏나무 꽃자리」) 자신의 고유한 자리를 천천히 만들어갈 것이다.

지난밤 어리치듯 몽깃돌의 살풀이인가
이팝꽃 하얀 바람 아스라이 매단 밥줄
아무나
밟지 못할 길
허리 휜 낮달이다.

갈까마귀 울음 스친 깎아지른 유리 마당
허공의 면벽구년 달마대사 돌아실라
저 깊은
아득한 고요
언 가슴에 맺힌다.

오랏줄 무거운 짐 피치 못한 순명이기
섬뜩한 난간 밖에 햇살 물고 앉은 새
말갛게

핏발 삭이는
눈시울이 뜨겁다.
–「이팝꽃 하얀 바람– 고층 건물 외벽 청소」 전문

이번 시조집의 표제작이기도 한 이 시편은 "이팝꽃 하얀 바람 아스라이 매단 밥줄"을 바라보면서 거기서 "허리 휜 낮달"을 발견하는 시인의 넓은 품을 보여준다. "갈까마귀 울음 스친 깎아지른 유리 마당"이 곧 삶의 터전이기도 한 고층 건물 외벽 청소 담당자의 "저 깊은 / 아득한 고요"는, 시인으로 하여금 "섬뜩한 난간 밖에 햇살 물고 앉은 새"라는 비유를 통해 눈시울 뜨거워지는 순간을 맞게끔 해준다. "이팝꽃 하얀 바람"은 그렇게 "마침내 한 세상 품을"(「복수초 시린 팔뚝」) 힘겨운 노동이자 "미끄러져 흘러내린 아득한 박명의 길"(「지젤 라인」)을 걸어가는 이의 신산한 삶을 선연하게 부조浮彫하고 있다. 그가 "궁핍을 피리 삼아 풀어내는 그 한 마당"(「품바, 품바」)은 그 자체로 실제적 경험을 담은 것이자, 우리 시대의 가장 원형적인 상像을 그려낸 것이기도 할 터이다.

지금 우리가 사는 시대는 여러 근대의 속성들이 정점이자 황혼을 맞는 때라고 할 수 있다. 그만큼 지금은 근대가 몰고 온 긍정과 부정의 양상들이 전면적인 모습을 띠고 갈등하는 시대이다. 그 가운데 최근 우리 주위에서는 근대의 폐해에 대한 반성 담론이 많이 제출되었는데, 무엇보다 신산한 타자들의 삶에 대한 구체적이고 심층적인 사유가 깊이 요구되고 있다. 천강래 시인의 따뜻하고도 견고한 사유가 그러한 실천적 맥락 안에 놓여 있다 할 것이다.

6

대체로 시인들은 우리가 일상에서 무심히 지나치는 사물의 존재 방식을 통해 삶의 본질을 통찰하고 표현하는 기능을 견지한다. 시인들이 수행하는 그러한 통찰과 표현은, 자신의 내면을 직접 드러내는 방식을 한껏 지양하면서 사물의 고유 형식과 삶의 본질을 유추적으로 결합하는 작법을 택하게 된다. 그래서 시인들이 포착한 사물의 구체성은 우리 삶의 속성으로 환치되고, 존재의 심층에 가라앉아 있는 생명의 원리에 대해 사유할 수 있게 해주는 원형적 힘을 뿌리게 된다. 사물의 존재 방식을 통해 삶의 비의에 가 닿는 이러한 도정은 '시인'으로서 행사하는 양보할 수 없는 존재론적 표지標識일 것이다. 천강래 시인은 그러한 표지를 간단없는 정성스런 '시 쓰기'를 통해 수행한다. 다음 시편에서 그는 그러한 '시 쓰기'의 자의식을 "고요한 필담"(「두 노인 등 뒤에 꽃구름이」)으로 표명하고 있다.

만선의 깃발이 사무치는 그런 날에
기러기 젖은 울음
운문 몇 절 풀어놓고
가슴에 피어나는 꽃잎 썰물 따라 나선다.

한살이 갖은 시름 밀물에 씻으려다
물 맺힌 지난 세화 켜켜이 삭은 결을
일몰은 동백꽃 같은 붉은 피를 사른다.

까치놀 잠을 청한 먼 기슭 가풀막에
묶어둔 빈 배 한 척
별처럼 슬피 우는 밤
뉘 몰래 괴는 달빛에 시 한 수를 새긴다.
—「국화도에서 일박一泊」 전문

'국화도菊花島'는 경기도 화성시 우정읍 국화리에 속한

섬이라고 한다. 이 예쁜 이름의 섬에서 시인은 "만선의 깃발이 사무치는" 날에 "기러기 젖은 울음 / 운문 몇 절"을 풀어놓고자 한다. 여기서 "운문 몇 절"은 "만선의 깃발"처럼 환희와 소망을 다해 쓰는 그의 '시'를 비유한 것일 터이다. 그래서 시인은 "한살이 갖은 시름"을 씻으면서 "뉘 몰래 괴는 달빛에 시 한 수를 새"길 수 있을 것이다. 국화도에서의 일박을 통해 "울림통 출렁 흔들 반도의 풀뿌리 선율"(「브랜드 코리아 2」)을 느끼고, 궁극적으로는 "휘어진 물무늬 그려낼"(「개비리길」) 언어를 찾아가는 것이다.

이처럼 천강래 시인의 마음에는 세계 내적 존재로서 치르는 시 쓰기의 자의식이 농울친다. 그리고 단순한 과거 지향의 마음이 아니라, 원초적 통일성을 통해 삶의 원형을 회복하려는 통찰에 의해 그 구체적 육체를 얻는다. 이때 그의 시 쓰기는 나르시시즘을 벗어나 자신을 발견해가는 과정으로 몸을 바꾼다. 그래서 시인은 근원에 대한 표박과 회귀의 끝없는 변증 과정을 시조로 쓰는 것이다. 이번 첫 시조집은 그러한 시인의 의지와 태도와 작법이 일관성으로 나타난 성과인 셈이다.

최근 시조시단에는 파격을 통한 충격적 시형을 내비치는 현상이 빈번하게 나타나고 있다. 이는 형식의 확산과 다양화를 위한 방법임에는 틀림없으나 시조의 시조다움을 일정하게 훼손하는 기능을 하고 있음을 부인하기는 힘들 것 같다. 지금은 시조의 정체성이 무엇인가에 대한 심각한 질문을 거듭 던져야 할 시점이다. 이때 우리는 동일성과 단형을 통한 시조의 정체성 추구야말로 새로움을 갈망하는 조급증의 악순환이라는 그릇된 관행에 대한 항체가 될 것이라고 말할 수 있다. 근본적인 율격에 충실하면서도 시조다움을 지키는 것은 우리 시대의 여전한 미학적, 실존적 몫이기 때문이다. 사물과 타자의 흔적을 통해 고전적 서정을 구현한 천강래의 첫 시조집이 거둔 미학적이고 인생론적인 미덕도 이러한 지향에서 찾을 수 있을 것이다. 첫 시조집의 발간을 마음 깊이 축하하면서, 그의 시조 미학이 더 깊은 언어의 연금술을 통해 새로운 진경으로 나아가기를 소망한다.